desafi.os

Para pensar diferente:
cidadania, igualdades e direitos

Rosiane Rodrigues

É jornalista e antropóloga. Especializou-se em História do Holocausto pelo Museu Yad Vashen em Jerusalém (Israel) e possui pós-graduação em Educação para as Relações Étnico-Raciais pelo Cefet/RJ (Rio de Janeiro). Atualmente é pesquisadora do Instituto de Estudos Comparados em Administração Institucional de Conflitos (INCT/INEAC-UFF) e do Núcleo Fluminense de Estudos e Pesquisas (NUFEP-UFF) e colunista convidada da Agência de Notícias Multiétnicas Afropress.

1ª edição
2016

© ROSIANE RODRIGUES, 2016

COORDENAÇÃO EDITORIAL: Lisabeth Bansi
ASSISTÊNCIA EDITORIAL: Patrícia Capano Sanchez, Janette Tavano
PREPARAÇÃO DE TEXTO: Janette Tavano
COORDENAÇÃO DE EDIÇÃO DE ARTE E PROJETO GRÁFICO: Camila Fiorenza
DIAGRAMAÇÃO: Isabela Jordani, Cristina Uetake
IMAGENS DE CAPA: © Photofusion/UIG/Getty images;
© Oliver Foerstner/Shutterstock;
© Edson Sato/Pulsar Imagens (fotomontagem).
COORDENAÇÃO DE REVISÃO: Elaine C. del Nero
REVISÃO: Nair Hitomi Kayo
COORDENAÇÃO DE ICONOGRAFIA: Luciano B. Gabarron
PESQUISA ICONOGRÁFICA: Cristina Mota
COORDENAÇÃO DE *BUREAU*: Américo Jesus
TRATAMENTO DE IMAGENS: Marina M. Buzzinaro
PRÉ-IMPRESSÃO: Vitória Sousa
COORDENAÇÃO DE PRODUÇÃO INDUSTRIAL: Andrea Quintas dos Santos
IMPRESSÃO E ACABAMENTO: Forma Certa Gráfica Digital
LOTE: 775181
CÓDIGO: 12102517

Revisores críticos que colaboraram com o livro:
Profª. Msª. Aline Sá (mapas e referências geográficas)
Profª. Clarice Moraes (adequação de conteúdo à faixa etária)
Prof. Dr. Cláudio Costa (Matemática)
Profª. Decione Penha (adequação de conteúdo à sala de aula)
Prof. Verton da Conceição (História e adequação de conteúdo legal)

Dados Internacionais de Catalogação na Publicação (CIP)
(Câmara Brasileira do Livro, SP, Brasil)

Rodrigues, Rosiane
   Para pensar diferente: cidadania, igualdades
e direitos / Rosiane Rodrigues. – 1. ed. –. São Paulo:
Moderna, 2016. – (Coleção desafios)

   ISBN 978-85-16-10251-7

   1. Cidadania 2. Direitos humanos 3. Diversidade
4. Diversidade cultural 5. Igualdade I. Título.
II. Série.

16-00048   CDD-305

Índice para catálogo sistemático:
11. Diversidade: Sociologia 305

REPRODUÇÃO PROIBIDA. ART. 184 DO CÓDIGO PENAL E LEI Nº 9.610, DE 19 DE FEVEREIRO DE 1998.

Todos os direitos reservados
EDITORA MODERNA LTDA.
Rua Padre Adelino, 758 – Belenzinho
São Paulo – SP – Brasil – CEP 03303-904
Vendas e atendimento: Tel. (11) 2790-1300
www.modernaliteratura.com.br
2023
Impresso no Brasil

Não é no silêncio que os homens se fazem,
mas na palavra, no trabalho, na ação-reflexão.

Paulo Freire

Sumário

Prefácio, 6

Apresentação, 7

1. Diferenças, 9

2. Igualdade, 33

3. Direitos, 48

Conclusão – Construindo novos começos, 60

Referências bibliográficas, 64

Prefácio

PARA PENSAR DIFERENTE É NECESSÁRIO MERGULHAR no mundo da imaginação que a leitura oferece. Ler é a maneira mais fácil de viajar pelo tempo e pelos lugares, sem necessariamente sair do quarto ou da sala – às vezes, deitado no colo da avó ou do avô –, ou até mesmo, para sermos diferentes, enquanto se toma picolé na piscina ou na praia... E é bom quando lemos algo que venha nos propiciar caminhos diferentes de pensar as coisas, seguindo a trajetória de histórias, culturas, diversos hábitos de comer e de expressar a fé, espalhados em diferentes pontos do globo.

Cada vez mais, num mundo globalizado, a diferença se coloca como uma questão importante. Afinal, hoje podemos acessar pelo *facebook*, *Skype* ou outros acessórios da internet um amigo do Afeganistão, da África do Sul ou da Argentina e conhecer as diferenças entre as culturas, os modos de vida e de pensar. Ser diferente já não é algo que nos torna estranho, é preciso saber coexistir com muitos outros e muitas outras maneiras de pensar num mundo de fronteiras tão abertas.

Rosiane Rodrigues nos remete a um mundo diferente das palavras para falarmos de igual para igual sobre a igualdade e outros temas importantes. A autora, no seu livro, nos oferece muitos caminhos para pensar diferente. Ela busca imprimir um olhar histórico e antropológico para introduzir temas – igualdade, diferença e diversidade – que não são fáceis nem mesmo para adultos especializados falar...

O livro imprime uma linguagem fluida e direta para tratar de questões complexas e turbulentas num mundo em que, cada vez mais, a intolerância, o racismo e o desrespeito à diferença ganham força e lugar. É um livro que nos leva a pensar diferente!

Prof. Dr. Fabio Reis Mota
Coordenador do Núcleo Fluminense de Estudos e Pesquisas
da Universidade Federal Fluminense (NUFEP/UFF)

Apresentação

© Martin Allinger/Shutterstock

SABEMOS QUE UM PAPAGAIO PODE REPETIR UMA PALAVRA, uma frase e até partes de uma letra de música, desde que seja ensinado. No entanto, nós, seres humanos, temos a capacidade de pensar e, por isso, costumamos refletir sobre o que aprendemos. Mas, nem sempre nos damos conta de que repetimos muitas coisas sem a devida reflexão... Há palavras que estão aí, na "boca do povo", faladas a toda hora: direitos, preconceitos, liberdade, diversidade, igualdade e desigualdade são algumas das que entraram definitivamente no nosso vocabulário e, no entanto, não são poucas as dúvidas sobre o que elas realmente significam. Não! Ao contrário do que você pode pensar, este não é um livro de etimologia (que é a parte da gramática que estuda a origem das palavras). O objetivo é possibilitar a compreensão transversal (ou multidisciplinar) sobre os temas que estão na ordem do dia e que foram popularizados quase sem nenhuma reflexão.

Toda vez que realizo palestras – que é a parte mais legal de ser escritora! –, sou apresentada a públicos vorazes por informações relativas aos temas da diversidade. Mas, vira e mexe, deparo-me com perguntas que demonstram que nem sempre sabemos sobre o quê exatamente estamos falando quando lidamos com temas referentes a "racismo", "diferença", "desigualdade", "igualdade" e "direitos". E são justamente esses assuntos que estão no centro das discussões relativas à valorização do protagonismo dos vários povos africanos, indígenas, ciganos, árabes e europeus que constituíram o Brasil.

Penso que, em alguns anos, com a efetiva aplicação das Leis 10.639/2003 e 11.645/2008, que tornaram obrigatório o ensino de História da África, dos africanos e dos povos indígenas em todo currículo escolar, consigamos suprir essa demanda. Essas leis ganharam um incremento ainda maior com o parecer do Conselho Nacional de Educação (CNE/CP nº 8/2012), que estabelece as Diretrizes Nacionais para a Educação em Direitos Humanos. Mais do que adequar currículos (com a adequação às Diretrizes Curriculares Nacionais para a Educação das Relações Étnico-Raciais e de Educação em Direitos Humanos), a legislação nos possibilita pensar de maneira descolonizada e construir um novo olhar sobre nós mesmos sem cair nos chavões tão conhecidos. É nesse sentido que este livro se propõe não só a reforçar e ampliar os conteúdos exigidos pela legislação, mas também a construir um pensamento "fora da caixinha".

Foi também durante as palestras que percebi as tensões existentes entre os educadores e essa nova geração de jovens que, antenados a tudo o que acontece no mundo, são portadores de dúvidas e questionamentos sobre as questões ligadas a diferenças e igualdades. O problema é que nunca sabemos como tratá-las com a devida transparência e profundidade. Talvez, a constatação da impossibilidade de ensinarmos o que não aprendemos seja um dos motivos que fazem com que nos tornemos indispostos em colocar o "dedo nas feridas" e tratar sobre assuntos que mais nos parecem "bichos-papões".

O fato é que todos nós queremos viver em sociedades nas quais as pessoas sejam aceitas e respeitadas em suas diferenças e escolhas. Em algum momento das nossas vidas, entendemos que educar é formar cidadãos responsáveis, que estejam aptos a lidar com os maiores desafios da contemporaneidade: a complexidade humana e a diversidade cultural. Se concordarmos que educar é algo muito maior que ensinar fórmulas e procedimentos, então estamos diante de uma tarefa audaciosa, que deve necessariamente nos unir num ambiente de confiança e solidariedade. Espero, sinceramente, que este livro faça você pensar "fora da caixinha" e descobrir as muitas possibilidades que a leitura nos traz!

Uma grande beijoca,
Rosiane Rodrigues

1. Diferenças

Que negócio é esse de ser diferente?

SER DIFERENTE É NORMAL

[...]
"Todo mundo tem que ser especial
Em oportunidades, em direitos, coisa e tal
Seja branco, preto, verde, azul ou lilás
E daí, que diferença faz?

Todo mundo tem seu jeito singular
De crescer, aparecer e se manifestar
Se o peso na balança é de uns quilinhos a mais
E daí, que diferença faz?

Já pensou, tudo sempre igual?
Ser mais do mesmo o tempo todo não é tão legal
Já pensou, sempre tão igual?
Tá na hora de ir em frente:
Ser diferente é normal!"

Composição de Adilson Xavier e Vinicius Castro, interpretada por Gilberto Gil e Preta Gil para a campanha "Ser diferente é normal", do instituto MetaSocial.

Nunca se falou tanto em diferenças. Músicas, filmes, reportagens... Será que podemos dizer que alguém diferente é aquele que não é igual à gente? Se você olhar agora para o lado vai perceber que todos nós somos diferentes. Não acredita? Repare no seu melhor amigo ou na colega sentada perto de você na escola: eles têm olhos, nariz, boca, cabelo, ficam doentes, sorriem, choram... mas, mesmo assim, o entendimento que eles têm do mundo e os motivos que os levam a chorar e/ou sorrir podem ser completamente diferentes dos seus.

Socialização

As nossas diferenças de atitudes e comportamentos acontecem porque cada um de nós possui uma forma única de se relacionar com o mundo. Isso pode ser observado em todas as fases da socialização, que são as vivências que temos com família, amigos e professores.

> Socialização é o nosso aprendizado – que começa quando ainda somos bebês, com os nossos pais e familiares – para viver em sociedade. A socialização é um processo contínuo e diz respeito às formas como aprendemos a entender os acontecimentos e o mundo. Quando nos tornamos adolescentes e adultos, a socialização também passa a acontecer através dos meios de comunicação (TV, rádios e jornais) e as redes sociais.

MENINAS E MENINOS

Já na primeira fase da vida – quando começamos a falar (o nosso idioma), a identificar as pessoas que cuidam de nós (pai, mãe ou responsáveis), a aprender os valores da nossa família e a separar o certo do errado, de acordo com a sociedade na qual vivemos – somos diferenciados pelo sexo: uma menina ganha um monte de bonecas e vestidos cor-de-rosa. O menino vai receber uma camiseta do time do coração do pai (do tio ou do avô) e uma bola. Já reparou nisso? Sim! Começamos a nos distinguir em coisas que parecem insignificantes mas que dizem muito a respeito do que os "outros" esperam de nós.

© Katrina Elena/Shutterstock

O que vai fazer ainda mais diferença é a forma como você vai lidar com essas "escolhas" – que não são, necessariamente, suas, mas expressam os ideais e os valores da nossa sociedade. Podemos perguntar: quem foi que disse que toda menina gosta de rosa e todo garoto de jogar bola? Conheço muitas meninas que nunca brincaram de boneca... vou contar um segredo: eu sempre fui goleira do time da escola! Adorava futebol e bola de gude. Jogava à vera (que é uma forma de ganhar todas as bolinhas de gude do adversário) e não perdia para menino nenhum. Isso me fazia uma menina "diferente" das outras? Não. Apenas me tornei uma adulta competitiva e ligada às questões profissionais. Mas, aconteceu assim comigo... não significa que será igual com você.

Estudos apontam que meninos que brincam com bonecas podem se tornar pais mais atenciosos e responsáveis. Não há dúvidas de que brinquedos que desenvolvem a afetividade são recomendados para todas as crianças. Do mesmo modo, meninas que gostam de futebol e outros jogos considerados "masculinos" podem virar mulheres mais competitivas.

A forma como reagimos às experiências que acontecem na nossa vida – como nos relacionamos primeiramente com os pais, os irmãos e o resto da família, e depois com a religiosidade, os amigos da escola, dos esportes e brincadeiras – nos tornará diferentes de todas as outras pessoas. E isso ocorre mesmo que as nossas histórias de vida sejam semelhantes às de amigos (e até de irmãos!). É o nosso entendimento sobre os acontecimentos – e como reagimos a eles – que faz com que as experiências nunca sejam iguais e, muito menos, as mesmas. Sério! Tem gente que ama chocolate e outras que não acham a menor graça. Há pessoas que conseguem se manter tranquilas em situações de perigo e outras que se desesperam. Viu como é engraçado pensar nessas coisas? Há inúmeras possibilidades. Até os gêmeos univitelinos – chamados idênticos – possuem comportamentos distintos.

> **!**
>
> Não existe nenhuma outra pessoa igual a você em todo o planeta. E isso é a coisa mais bonita da vida!

O QUE DIZ A BIOLOGIA

Aparentemente, são muitas as diferenças entre as pessoas. Para você ter uma ideia do quanto isso é interessante, sugiro uma brincadeira: vamos ver quem são as pessoas mais parecidas e as mais diferentes de nós? Mas, para ser divertido, vamos fazer isso a partir de uma igualdade que ninguém vê? Duvida? Quem são os amigos que têm o mesmo tipo sanguíneo que o seu? Reúna os seus colegas de escola e em seguida os divida por tipo sanguíneo. *Tchan tchan tchan tchan*!

Os resultados são completamente inesperados! Percebemos que, apesar de o tipo sanguíneo ser igual, as características físicas podem ser muito diferentes. Pergunta que não quer calar: o que isso quer dizer?

A humanidade possui ancestrais em comum. Cada um de nós é originário de um mesmo grupo de seres humanos que viveu em tempos remotos. Sim! Em última análise, do ponto de vista da Biologia, é como se fôssemos todos parentes. E isso acontece porque a espécie humana não possui tantas variações biológicas. Somos muito mais iguais do que aparentamos.

Afrodescendentes: em 2007, uma pesquisa realizada na Universidade de Cambridge, na Inglaterra, comprovou que todos os seres humanos tiveram origem no continente africano, mais especificamente na região subsaariana (abaixo do deserto do Saara).

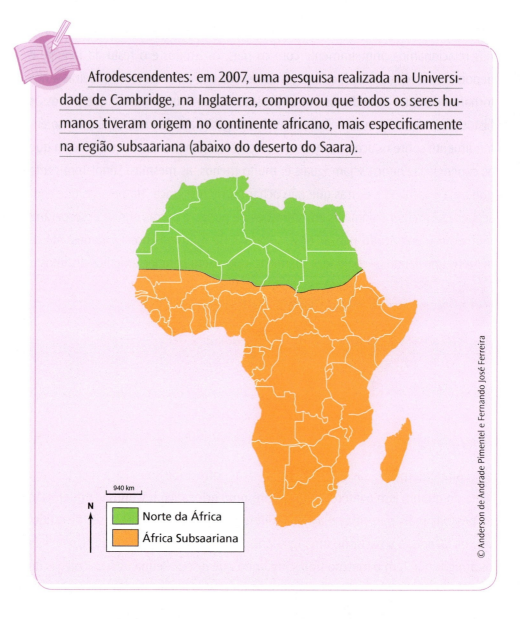

Fenótipo e genótipo

Depois de fazer essa experiência já sei que você vai querer saber por que existem tantas diferenças... e perguntar: como alguém com o mesmo tipo sanguíneo que o meu pode ter cabelos lisos e pele clara, enquanto os meus cabelos são crespos e a minha pele é negra? Vamos por partes porque nada é simples quando se trata das diferenças e semelhanças entre nós.

> Os conceitos de fenótipo e genótipo foram criados para o estudo da Biologia, no início do século passado, pelo pesquisador Wilhelm L. Johannsen. O cientista revolucionou as pesquisas quando demonstrou que há características que se alteram e outras que são imutáveis nos seres vivos.

O genoma é o código onde são armazenadas as características hereditárias de cada espécie – seja de um elefante ou de uma plantinha. É o genoma que garante que uma flor não se transforme num mamífero. Tenho uma amiga que diz o tempo todo: "Filho de peixe não nasce cavalo". Veja só! Não é que nesse caso a sabedoria popular tem razão? É o genoma que determina a qual espécie de seres vivos pertencemos.

> Genótipo (do grego *genos*, originar, e *typos*, característico) é a composição genética de uma célula. O genótipo diz respeito ao que não muda na estrutura dos organismos.

A ciência sabe – mas a gente precisa afirmar o tempo todo! – que a aparência (cor de pele, cabelos e olhos, ou seja, os fenótipos das pessoas) não interfere em absolutamente nada em nossas capacidades. As características físicas também não trazem aprendizados inatos nem capacidades excepcionais. O fenótipo não diz nada sobre quem é melhor em matemática ou quem pode ser (ou não) um campeão em salto à distância.

Fenótipo (do grego *pheno*, evidente, e *typos*, característico) é o conjunto de características físicas e externas dos seres humanos. Pode mudar de acordo com o meio ambiente – através de um bronzeado, por exemplo – ou outros fatores, como o processo de envelhecimento.

Segundo o professor de genética Francisco Salzano, da Universidade Federal do Rio Grande do Sul (UFRGS), não é à toa que os orientais têm olhos em formatos diferentes: estudos indicam que isso aconteceu ao longo do tempo, com a função de proteger os olhos e a visão das baixas temperaturas e da grande luminosidade provocada pelo reflexo do sol na neve. "É uma espécie de adaptação ao frio", diz Salzano.

Os organismos têm elementos que mudam (fenótipo) e outros que não se alteram (genótipo). No nosso caso, o genótipo não muda porque é ele que nos constitui como seres humanos – membros da espécie *Homo sapiens sapiens* – e nos distingue dos outros seres vivos. Já o fenótipo nos diferencia na aparência, ou seja, naquilo que não faz (ou não deveria fazer) a menor diferença.

"Nós, humanos, somos lindamente diferentes, e esta é apenas a ponta do iceberg."

(Carlos Bustamante, geneticista)

As ilhas Salomão ficam no Oceano Pacífico, mais especificamente na Melanésia. Cerca de 10% de sua população é de negros com cabelos naturalmente loiros. O geneticista Carlos Bustamante e uma equipe de pesquisadores (das Universidades de Stanford, de Bristol, da UC San Francisco e do Instituto Max Planck de Antropologia Evolucionária) identificaram um gene responsável pela variação da cor do cabelo chamado de *TYRP1* – conhecido por influenciar a pigmentação nos seres humanos. Porém, a variante encontrada nas ilhas não é a mesma que faz com que os europeus tenham os cabelos claros. A endogamia (casamentos entre parentes) tem sido estudada como uma das possíveis explicações para o fenômeno.

Uma pesquisa realizada pela Universidade do País Basco (Espanha) sobre a pigmentação da pele dos europeus mostra que a tonalidade clara é uma mutação genética. Os investigadores calculam que a mutação, associada à pele clara e aos cabelos loiros ou ruivos, surgiu de 30 mil a 50 mil anos atrás, ou seja, depois da saída do *Homo sapiens* da África. Outro estudo, realizado por um grupo internacional de cientistas e apresentado na 84ª reunião anual da Associação Americana de Antropologia Física (em Saint Louis, EUA), confirma que há 8,5 mil anos, povos caçadores e coletores na Espanha, Luxemburgo e Hungria também possuíam a pele escura, pois eles não tinham os genes *SLC24A5* e *SLC45A2*, que levaram à despigmentação e à tez pálida dos europeus atuais.

Mesmo sabendo que todos nós somos iguais, muita gente é inferiorizada por seu fenótipo. Isso é uma das formas mais conhecidas daquilo que chamamos de racismo. Além de ser um crime inafiançável (a pessoa é presa sem direito a liberdade por pagamento de fiança) e imprescritível (o crime não cai no esquecimento da Justiça, mesmo depois de décadas), o racismo constitui uma das práticas mais degradantes de tratamento entre os seres humanos. No Brasil, pensamos que ele está relacionado somente ao fenótipo, mais especificamente à cor da pele – o que o sociólogo Oracy Nogueira chamou de "racismo de marca". No entanto, em seus estudos, Nogueira evidenciou que há o "racismo de origem": como o próprio nome já diz, pode ser entendido como referente à origem (de nascimento ou moradia) ou pertencimento cultural e religioso das pessoas.

O mais importante é que as nossas diferenças fenotípicas, do ponto de vista biológico, não nos fazem verdadeiramente diferentes, uma vez que nossa origem (genoma) é a mesma: o que internamente nos constitui enquanto *Homo sapiens sapiens* jamais poderá ser alterado.

Diferenças culturais: diversidade

Os Zulus, grupo guerreiro da África do Sul, denominam de *Ubuntu* o conceito de Humanidade. *Ubuntu* significa que todos os seres humanos, sem exceção, devem ser reverenciados e reconhecidos como companheiros de jornada! *Ubuntu* pode ser traduzido como "Eu sou porque nós somos!".

Agora que você já entendeu que não há diferenças genéticas entre os seres humanos, mesmo que a nossa aparência possa variar, resta-nos saber: onde, afinal, nos distinguimos? Como seres da mesma espécie, possuímos a característica humana de pensar, criar e inventar. E quando pensamos, criamos e inventamos, encontramos muitas maneiras de perceber o que acontece ao nosso redor. O que é mais legal e confuso é que as nossas diferenças existem justamente porque somos iguais pelo fato de poder pensar, criar e inventar: nos diferenciamos porque os objetos e as regras que inventamos variam de um lugar para outro. Complicado? De jeito nenhum.

Os seres humanos, ao redor do mundo, desenvolveram jeitos de resolver os próprios problemas e, com isso, estabelecer suas regras. A diversidade cultural é nada mais nada menos do que o modo encontrado para que se possa viver em sociedade.

> "Sociedade" é uma palavra originária do latim *societas*, que significa "associação amistosa com outros". No entanto, ela também pode ser pensada como um conjunto de seres humanos que convivem organizadamente, a partir dos seus próprios códigos (leis, regras e tabus) e práticas (alimentares e religiosas).

DO QUE VOCÊ TEM FOME?

A fome é algo que todos os animais sentem. E com a gente, não é diferente. Nossos ancestrais desenvolveram, desde os primórdios, técnicas de caça, pesca e coleta de frutas para saciar essa necessidade. Se pensarmos no mundo todo, vamos perceber que cada região do globo terrestre possui fauna e flora específicas, o que faz toda a diferença nas refeições. Por isso, a alimentação serve como um bom exemplo para se comparar as milhares de sociedades do mundo. Não acredita? O que vamos fazer agora é uma viagem no tempo e no espaço, porque o mundo é pequeno o bastante para a gente tentar conhecê-lo em um pulo! No nosso avião imaginário, a gente aperta os cintos e embarca numa super viagem!

Groenlândia (os povos do Ártico): os esquimós consomem uma quantidade inimaginável de carne crua. Eles caçam focas para comer o fígado delas (servido *in natura*), rico em vitaminas C e A.

GROENLÂNDIA

Paris (França): os franceses apreciam *escargot* (uma lesma comestível que fica dentro de um caracol branco). Para saborear esse prato – um dos mais populares do país –, eles inventaram até talheres especiais.

Paris
FRANÇA

NIGÉRIA
• Ibadan

Ibadan (Nigéria): algumas populações do continente africano, como os *yorubás*, comem uma fruta chamada obi, também conhecida como "noz-de-cola": é o fruto usado nas fórmulas dos refrigerantes das marcas *Coca-Cola* e *Pepsi*. Para eles, o obi é considerado um fruto tão sagrado que serve como presente de casamento.

20

Pequim (China): não é difícil encontrar barraquinhas que vendem churrasquinho de carne de cachorro. Apesar dessa "iguaria" ser, hoje, mais para turista ver do que propriamente um hábito alimentar, a carne de cachorro foi muito consumida pelos chineses no pós-guerra. Mas há quem saboreie assados de insetos como formigas, percevejos e até aranhas. Dá arrepio só de pensar, né?

Nova Deli (Índia): os hindus, mesmo famintos, jamais comeriam um bife de carne de vaca, pois se trata de um animal sagrado para eles. Lá, é crime matar um bovino, e ninguém em sã consciência pensaria em preparar um churrasco.

21

Essas diferenças podem acontecer por vários motivos:

1. A abundância de certos alimentos como frutas, legumes e animais nas proximidades das aldeias e/ou cidades, facilita o seu consumo pela população. Em locais em que há rios ou mar, é comum que a dieta das pessoas seja à base de peixes e frutos do mar.

2. Situações de guerras, secas ou inundações podem causar escassez de alimentos, levando a população a encontrar formas alternativas de se manter. Daí, pode surgir a necessidade de introduzir insetos, animais e plantas exóticas no cardápio, o que, com o passar do tempo, acaba virando hábito.

3. Há casos de tabus religiosos, como o que acontece com as vacas na Índia. Existem certas crenças religiosas que impedem o consumo de determinados alimentos: judeus e muçulmanos, por exemplo, não comem carne de porco e camarões porque são considerados animais impuros.

4. Mas, ainda assim, não são apenas a escassez/abundância e os tabus religiosos que determinam a forma como os povos se alimentam. Temos uma enorme capacidade de inventar coisas, que fez com que, ao longo tempo, desenvolvêssemos formas de criar e reinventar os alimentos. Nós intervimos no nosso entorno, seja inventando jeitos específicos de preparar a comida (moendo a carne, fritando a batata ou transformando raízes venenosas em comestíveis...), até o desenvolvimento de animais exóticos para consumo e o cultivo de plantações.

Tudo isso pode parecer muito distante, não é? Mas, aqui no Brasil, também existe uma grande variação de hábitos alimentares. No Norte do país, devido à proximidade dos povos indígenas, é muito comum que as populações não-indígenas também comam o biju (conhecido em alguns lugares pelo nome de tapioca) ou se alimentem de raízes venenosas – como a mandioca brava –, que precisam ser preparadas com uma técnica especial para não intoxicar as pessoas; no Nordeste, temos a "buchada de bode" – prato preparado com as vísceras dos caprinos – e outras iguarias que quase não são encontradas no resto do país.

Canjica ou munguzá? O prato faz parte da culinária nordestina e é um doce feito de grãos de milho-branco. No estado do Ceará existe uma versão salgada, que leva ingredientes semelhantes aos da feijoada. É também uma comida ritual das religiões afro-brasileiras (cozida sem tempero nem sal). O termo *mu'kunza* (do idioma quimbundo, falado em várias regiões de Angola) pode ser traduzido por "milho cozido".

As frutas e os legumes também variam de estado para estado, assim como a produção de doces e guloseimas! Às vezes, a mesma fruta pode ter um nome diferente. Em outras, o que muda é o modo como ela é consumida:

Pequi é uma fruta nativa do cerrado brasileiro, atualmente na lista de espécies ameaçadas de extinção no estado de São Paulo, devido ao desmatamento das florestas nativas. Utilizada na culinária goiana e mineira, o pequi ainda é encontrado em toda a região Centro-Oeste e nos estados de Bahia, Ceará, Maranhão, Pará, Piauí, Rondônia e Tocantins.

Pensando a Ciência: até a Matemática pode ser diferente

Viram como esse negócio é interessante? Cada povo, em determinada época, precisou descobrir formas próprias para resolver problemas cotidianos, como a fome. Mas se inventamos maneiras de transformar o que vem da natureza em alimento, também encontramos alternativas para fazer cálculos e medidas. Sim, até a matemática pode variar de um povo para outro. Tá pensando que eu estou brincando? Estou não!

Há cerca de dez mil anos, quando o homem passou a pastorear ovelhas, houve a necessidade de contar as reses. Para resolver esse problema, nossos antepassados passaram a relacionar uma pedrinha para cada animal do rebanho. Ou seja, se no final do dia sobrassem pedras, ele sabia que havia perdido algumas ovelhas; se as pedras faltassem, seu rebanho havia aumentado. Com isso, instituíram o que hoje os matemáticos chamam de correspondência um a um. Segundo o *Dicionário Etimológico da Língua Portuguesa*, a palavra *cálculo* tem origem no latim e significa "contagem com pedras". *Calculator* (calculador) era o romano que associava, por exemplo, uma pedra a uma ovelha, duas pedras a duas ovelhas, assim por diante.

Você tem ideia que os algarismos podem ser diferentes e receber muitas variações? Sei o que está pensando: "Ih, será que a forma que aprendemos a fazer contas e medir as coisas pode não ser a única?". Já observou que quando ampliamos a nossa compreensão sobre as diferenças, percebemos que não existe apenas o nosso jeito de fazer contas e cálculos, por exemplo? E sabe por quê? Ao longo da aventura humana, muita gente se perguntou como medir a distância que separava duas cidades ou qual a quantidade de madeira que seria necessária para construir uma casa. Por isso, cada povo desenvolveu um método próprio para realizar cálculos – os hindus e os árabes, por exemplo, inventaram os algarismos numéricos e os povos indígenas brasileiros desenvolveram sistemas numéricos e de medida antes mesmo dos gregos e romanos.

Etnocentrismo: quando uma determinada pessoa ou grupo social elege a sua cultura (que é o conjunto de práticas, valores e crenças de uma determinada sociedade) como melhor do que todas as outras. A palavra é formada pelo radical grego *ethnos,* que significa "tribo, nação ou pessoas que vivem juntas", e *centrismo,* que indica "centro". É bom saber que esse é um fenômeno universal. Uma postura etnocêntrica revela desconhecimento sobre a existência de outras culturas, levando ao desrespeito e à intolerância com quem pertence a sociedades diferentes.

O professor Ubiratan D'Ambrósio (da Universidade Estadual de Campinas) ensina que o pensamento matemático (que faz com que a gente quantifique, conte, classifique, meça e organize) é próprio da condição humana e se apresenta de forma espontânea nos momentos em que os indivíduos precisam fazer cálculos. Segundo ele, alguns povos africanos, como os egípcios, tiveram grande influência na formação da Matemática que conhecemos hoje.

MEDIDAS E NÚMEROS

Os egípcios desenvolveram uma forma bem elaborada de medir as coisas. Eles utilizavam os dedos (*djeba*) e os palmos (*chesep*) das mãos. O "côvado real" compreendia a extensão do cotovelo até a ponta do dedo médio e era a principal medida nos tempos dos faraós – essas medidas foram usadas (pasmem!) para que os engenheiros egípcios construíssem as pirâmides.

Os símbolos para designar os números eram bem diferentes dos nossos, mas seguiam a lógica decimal. Veja:

O número na nossa notação	Descrição do símbolo	Símbolo Egípcio
1	bastão	ǀ
10	calcanhar	∩
100	rolo de corda	ϙ
1000	flor de lótus	
10000	dedo a apontar	
100000	peixe	
1000000	homem	

Se quisermos representar o número 152, basta desenhar um rolo de cordas, cinco calcanhares e dois bastões!

(Fonte: http://www.portalsaofrancisco.com.br/alfa/sistema-de-numeracao-egipcia/sistema-de-numeracao-egipcia.php. Acesso em: 31 mar. 2016).

"Outras" escolas

Dominar a natureza e desvendar os mistérios do universo sempre foram preocupações presentes e que intrigaram os nossos ancestrais. Não é à toa que as primeiras universidades do mundo são africanas (lembra que falei que os nossos primeiros "parentes" apareceram por lá? Nada mais natural, então, que as primeiras universidades estejam situadas onde surgiu a vida humana).

UNIVERSIDADE AL QUARAOUIYINE

Universidade Al Quaraouiyine.

A Universidade Al Quaraouiyine, fundada em 859 na cidade de Fez, no Marrocos, é a mais antiga do mundo, segundo o livro *Guinness dos Recordes* (um guia publicado em vários países, que lista uma série de recordes reconhecidos internacionalmente).

UNIVERSIDADE DE SANKORÉ

A Universidade de Sankoré, na cidade de Timbuktu (conhecida como a "Cidade do Ouro do Mali"), foi fundada entre os séculos X e XII e também é uma das mais antigas do mundo, até hoje em funcionamento. Sua coleção de 20 mil manuscritos antigos retratam mais de um milênio de conhecimento científico.

Manuscritos de Timbuktu de 1241.

Sankoré chegou a abrigar 50 mil sábios e se organizava de forma diferente das escolas medievais europeias: não tinha administração central, registros de estudantes ou cursos prescritos para estudo. Era composta, basicamente, por "faculdades" independentes, cada qual com seu mestre. Sankoré, ainda hoje, ensina o Alcorão e outros campos de conhecimento, tais como a Lógica, a Astronomia e a História. Para você ter uma ideia de como o conhecimento entre os africanos sempre foi muito prestigiado, no século XII, em Timbuktu, a venda e compra de livros chegou a ser mais lucrativa do que o comércio de ouro.

(Fonte: http://jornalggn.com.br/noticia/a-cidade-de-timbuktu-e-a-primeira-universidade-do-mundo. Acesso em: 31 mar. 2016)

> Onde está a universidade mais antiga do Brasil? Nem em São Paulo nem no Rio de Janeiro e sim no Amazonas: a Escola Universitária Livre de Manáos, que mais tarde passou a se chamar Universidade Federal do Amazonas, funciona desde 1909 e foi certificada pelo livro *Guinness dos Recordes* como a primeira do Brasil. No entanto, devido à interrupção de funcionamento entre 1926 e 1962, quando apenas alguns cursos continuaram as atividades, a Universidade Federal do Paraná passou a disputar o título de mais antiga do país, em funcionamento desde 1911.

OS POVOS INDÍGENAS FAZEM ESCOLA

Cada sociedade tem um jeito próprio de lidar com as ciências. Você sabia que os povos indígenas aqui no Brasil têm escolas diferenciadas? As escolas indígenas têm a preocupação de instituir um aprendizado dentro dos princípios do respeito à diversidade cultural, com objetivo de reconhecer o valor e os saberes das aldeias ao longo de muitas gerações.

Você acha que os povos indígenas precisam de relógio para medir o tempo? Será que eles usam o calendário para saber os dias do ano e as estações? Claro que não! Eles sabem exatamente as horas, quando devem plantar, colher ou pescar porque têm um refinado aprendizado de observação da natureza. Por isso, quando precisam medir o tempo, saber quais as estações do ano ou se localizar nas matas, eles utilizam os conhecimentos de sua própria aldeia. Por exemplo:

- As estações do ano e as horas podem ser reconhecidas pela posição do Sol e da Lua no céu. Para muitas aldeias, a divisão e a contagem do tempo estão baseadas nas épocas de plantio e colheita, diretamente relacionados aos fenômenos da natureza como o período das chuvas, dos ventos, das estiagens. Isso sem contar o conhecimento da geografia das matas, rios e serras próximas às aldeias.

- Os povos indígenas desenvolveram formas próprias de fazer cálculos para produzir canoas, remos, casas, roças etc. Eles não precisam usar números, mas mantêm uma aguçada capacidade de medir proporções e simetrias.

- Os indígenas sabem que a época da desova de tracajá (tartaruga) é um período difícil para a pescaria ou que no momento em que o pequi começa a cair dos pequizeiros está na hora de colher as outras plantas e frutas.

- Toda a comunidade é responsável pela educação das crianças, ou seja, todas as pessoas da aldeia ensinam e se responsabilizam pelo sustento, proteção e educação delas. Com isso, as crianças aprendem a viver em sociedade: ser um bom caçador, um bom pescador e a fazer roça, plantar e produzir farinha. Nas comunidades indígenas não há crianças órfãs e abandonadas nem pessoas passando fome.

Você sabia que entre os povos indígenas brasileiros (e também entre os africanos e os esquimós) é impensável que existam creches e asilos? Para eles, é uma aberração a ideia de colocar pessoas idosas e crianças em instituições para serem cuidadas por quem não é da família. Os idosos e as crianças são sagrados – por isso, a responsabilidade pelo bem-estar dos velhinhos e dos pequenos é de toda a sociedade, mas primeiramente de suas famílias.

Para alguns povos indígenas, o Pajé exerce as funções de conselheiro, médico e sacerdote. Seus métodos de cura compreendem massagens, banhos e algumas práticas de cirurgia. Os medicamentos, cuja eficácia tem sido sistematicamente comprovada pela indústria farmacêutica mundial, são feitos de ervas medicinais, raízes e sementes, além de substâncias animais e minerais. São exímios conhecedores dos venenos, usados com várias finalidades. Eles sabem preparar soluções que abaixam a febre, purgativas, sedativas, narcóticas, estimulantes, além de conhecerem a importância da alimentação para a saúde.

Tenho certeza de que você já percebeu que as nossas diferenças são culturais e não biológicas. O que entendemos como "diferença" é o resultado da forma como somos socializados – a partir dos costumes e regras das nossas sociedades e de como reagimos a isso. Daqui por diante, vamos iniciar uma nova jornada para conversar sobre a igualdade. Mas, de um jeito diferente de como tratamos o assunto até aqui. Sim! Existe outra forma de pensar a igualdade.

2. Igualdade

© Sergiu Ungureanu/Shutterstock

Vamos falar sobre igualdade?

Temos o direito de ser iguais quando a nossa diferença nos inferioriza; e temos o direito de ser diferentes quando a nossa igualdade nos descaracteriza. Daí a necessidade de uma igualdade que reconheça as diferenças e de uma diferença que não produza, alimente ou reproduza as desigualdades.

Boaventura de Souza Santos

Todo mundo fala, mas tem gente que faz a maior confusão entre igualdade e diferença e, ao tentar explicar, complica mais ainda. Para começo de conversa, essa não é uma discussão fácil (para variar!). O conceito de *igualdade,* que tem o sentido político e é completamente diferente do que conversamos anteriormente, começou no século XVIII. É a ideia de que "todos são iguais e devem ter os mesmos direitos", que dá sentido aos sistemas democráticos modernos. Parece simples? Mas não é (no Capítulo III vamos nos aprofundar na questão dos direitos e de como eles surgiram).

Agora, vamos dar um pulinho na história da Revolução Francesa, cujo lema político foi "Igualdade, Liberdade e Fraternidade". A França era um país absolutista, o que significa que o rei governava com poderes absolutos e controlava a economia, a justiça, a política e até a religião dos súditos. As pessoas não votavam, não podiam emitir opiniões sobre o governo, não escolhiam suas crenças e todos aqueles que se opunham ao rei eram presos e condenados à morte. Os trabalhadores urbanos, os camponeses e os comerciantes (burguesia) pagavam os impostos que sustentavam e mantinham os luxos da nobreza e do clero. A família real e a nobreza viviam de banquetes e festas, patrocinadas pelos impostos dos trabalhadores. Parece que a gente conhece esse filme, não é? Se hoje não está fácil para ninguém, imagina há trezentos anos.

A célebre frase "O Estado sou eu", de autoria do rei francês Luís XIV, reproduz a forma de governar dos monarcas absolutistas desse período. Na monarquia absoluta, o rei era o chefe supremo da nação, exercendo os poderes Executivo e Legislativo.

As regras econômicas Feudalismo e Absolutismo referem-se aos modelos de produção de riquezas e concentração de poder político das sociedades europeias da Idade Média. Da mesma forma, após a Revolução Francesa (que marcou o fim da Idade Média) e a Revolução Industrial (que é o início da Era Moderna), o modelo de produção de riquezas, estabelecido no Ocidente, foi o Capitalismo.

O ideal da Revolução Francesa foi o de acabar com as desigualdades existentes entre súditos e realeza, igualando o exercício de direitos e deveres entre todas as pessoas. Com a Revolução, a França conseguiu estabelecer um governo democrático e os súditos passaram a ser cidadãos – aqueles que possuem direitos. Os cidadãos podem votar, têm liberdade para escolher suas religiões, emitem opiniões sobre o governo e teoricamente ascendem socialmente através do trabalho. Viram? Nesse contexto, a igualdade e a liberdade estão relacionadas à ideia de democracia e de direitos e deveres iguais para todos. O propósito de uma sociedade livre, igualitária e democrática é o de que **todos** os seus membros tenham direitos e deveres iguais.

> Democracia pode ser definida como um regime político pautado pela vontade popular. A democracia brasileira adotou o sistema representativo: "Forma de governo em que as pessoas elegem representantes que fazem e aplicam as leis". Precisamos estar atentos porque a Democracia não pode ser confundida com "ditadura da maioria", mas a forma que todos têm de se expressar igualmente.

Já sei que você vai perguntar por que, até agora, não falei sobre a Fraternidade, que constituía os três lemas da Revolução! Acertei? De fato, ao que parece, nem os franceses nem os demais povos europeus levaram muito a sério essa última ideia...

FAÇA O QUE EU DIGO, MAS NÃO FAÇA O QUE EU FAÇO: IGUALDADE PARA QUEM?

Diante de tamanha revolução, a gente pode até pensar que tudo ficou maravilhoso, mas o que a gente não se dá conta é que esse modelo só passou a valer para aqueles que eram considerados "iguais". Ou seja, as conquistas da Revolução só valiam para os homens, europeus e cristãos. As mulheres, crianças e os cidadãos de outros povos (orientais, indígenas, africanos, melanésios, esquimós etc.) não eram – e de muitas maneiras ainda não são – vistos pelas lentes da igualdade. Aliás, segundo o pensamento da época, os povos não-europeus não precisavam de direitos porque não eram nem considerados humanos, membros da espécie *Homo sapiens*.

PERDEU A CABEÇA!

A Assembleia Nacional Constituinte da França aprovou em 26 de agosto de 1789 a *Declaração dos Direitos do Homem e do Cidadão*, que garantia os ideais libertários e liberais da primeira fase da Revolução Francesa (1789-1799).

Dois anos mais tarde, em 1791, a *Declaração dos Direitos da Mulher e da Cidadã* foi proposta por Marie Gouze – que adotou o nome de Olympe de Gouges para assinar panfletos que exigiam o fim das desigualdades, incluindo a luta contra a escravidão. Por reivindicar às mulheres os mesmos direitos dados aos homens, ela foi denunciada como "desnaturada" e condenada como contrarrevolucionária. Morreu na guilhotina em 1793.

© Fine Art Images/AGB Photo Library

O fato é que, enquanto a Revolução Francesa causava furor em toda Europa, desmanchando regimes absolutistas, França e Inglaterra – os mesmos países cujos cidadãos lutavam bravamente contra as desigualdades! – continuaram escravizando pessoas em todo continente africano para explorar as riquezas no Novo Mundo. Mais tarde, o modelo escravagista foi incorporado pela Espanha, Itália, Holanda e Alemanha. A propósito: a exploração de riquezas pelo modelo europeu de escravização de seres humanos nunca fora tão eficiente como nesse período (entre os séculos XVIII e XIX). A pergunta que devemos fazer é: como entender que os mesmos povos europeus que lutavam por um mundo melhor e mais justo em seus países continuaram tratando seres humanos como escravizados, de forma tão cruel e desumana? Como é possível pensar em Fraternidade assim?

> A escravização de homens, mulheres e crianças com o objetivo de produzir riquezas no Novo Mundo para alimentar e enriquecer os países europeus começou no final do século XV (com a Coroa Portuguesa) e perpetuou-se até o fim do século XIX. Nesse período, as pessoas descendentes dos vários países africanos eram tratadas como "coisas", ou seja, não eram consideradas seres humanos. O Brasil foi o último país do mundo a abolir a escravidão.

Vejam que aqui está a chave para começarmos a entender essa coisa complicada que é a "igualdade". Se tivéssemos que trazer a realidade daquela época para os dias de hoje, poderíamos pensar que os europeus sempre foram chegados a uma "ostentação" e se elegeram os "melhores". O problema é que o mundo acreditou. Pelo menos, teve que acreditar! Inclusive o Brasil. O fato é que "os caras" chegavam dando ordens e tinham muito armamento e munição para isso! Invadiam e tomavam posse dos territórios, escravizavam e vendiam as pessoas, exploravam as riquezas naturais e, quando elas acabavam, saíam em busca de mais ouro, prata e lugares para explorar. Eles nem sempre se deram bem porque as populações resistiam como podiam...

Para que não se sentissem culpados por tamanha barbárie, os europeus passaram a afirmar que os outros povos não eram iguais a eles – o que, no limite, significa que o resto do mundo não era composto por humanos! É bom que se saiba que toda essa ideia de "civilizar os povos primitivos", levando tecnologia e avanços, esconde os interesses econômicos das grandes potências. É justamente por isso que eles usam as diferenças culturais, sociais, religiosas e físicas (como a cor da pele e textura dos cabelos) desses povos para justificar suas práticas. Todo mundo que não era igual aos europeus não podia ter nenhum tipo de direito. Claro que você já entendeu que o que estava no centro de toda essa conversa fiada era a exploração de riquezas (minérios, marfim, mão de obra, ouro e prata).

PARA PENSAR SOBRE OS REFUGIADOS E OS IMIGRANTES

Neste ponto da conversa, precisamos refletir sobre os resultados da exploração das riquezas mundiais pelos países europeus, ao longo dos últimos cinco séculos. Aposto que você, assim como todo o mundo, fica chocado com as imagens de pessoas desesperadas que saem dos seus próprios países – a maioria fugindo de guerras e perseguições, mas fundamentalmente da pobreza e da condição de miséria em que vivem – e que acabam morrendo na viagem. Quem consegue dormir bem depois de ver a foto de uma criança síria, de apenas três anos de idade, que morreu afogada no Mar Mediterrâneo, em fevereiro de 2015? Ou dos barcos e navios que afundam na costa marítima da Europa com milhares de imigrantes africanos, sírios, libaneses...? O que está por trás disso? É claro que ninguém arrisca a própria vida – e a de seus filhos e familiares – porque quer viver uma aventura, fazendo uma viagem em condições subumanas.

No centro de todas essas imagens perturbadoras está o fluxo populacional inverso da exploração dos bens materiais desses países: um dia, os europeus e os estadunidenses chegaram e levaram as riquezas, implementaram regimes políticos e econômicos que só os beneficiaram em detrimento das populações locais, nos mais distintos pontos do planeta. Isso é o que chamamos de colonização. Para que a gente possa entender melhor, imagine que, de repente, um desconhecido chega na sua casa, acompanhado da polícia – ninguém toma o que não lhe pertence se não for pela força, não é? –, afirmando que tudo o que está lá agora é dele. Pega os móveis, a comida, os brinquedos, as roupas e vende. Quando não há mais nada de valor para ser comercializado, ele coloca a sua casa no chão (para que você não tenha condições de reagir nem de continuar morando nela) e vai embora – levando todo dinheiro que pertence a sua família. Agora, pense nisso acontecendo em todas as casas do seu bairro, da sua cidade e do seu país. É algo que se repete em escala mundial.

Hoje, as populações colonizadas – que vivem em países enfraquecidos política e economicamente porque todas as suas riquezas foram levadas – estão tentando sobreviver. A questão é que ninguém vai morar em outro lugar, arriscando morrer durante o percurso, sem carregar a dor e o sofrimento de ter visto sua "casa" ser destruída.

Para a Organização das Nações Unidas, o refugiado é aquele que deixa o próprio país por ser perseguido pelo seu governo devido ao seu posicionamento político ou ao fato de pertencer a um determinado grupo étnico ou social – diferentemente do imigrante econômico, que é a pessoa que opta por deixar seu país em busca de melhores condições de vida. Essa distinção é um ponto importante porque o reconhecimento da condição de refugiado garante a permanência deste indivíduo em outro país, uma vez que a saída da terra natal aconteceu em função da preservação da vida ou liberdade. Já o imigrante econômico não tem essa prerrogativa. O fato é: refugiados e imigrantes saem de seus países devido aos efeitos da colonização. Ninguém pode viver sem dignidade, liberdade nem condições mínimas de sustento.

O repatriamento de refugiados tem sido um assunto dominante em Ruanda, na África, nos últimos 30 anos. Em 1962, quando o país alcançou a sua independência, já havia um grande número de refugiados nos países vizinhos: 120 mil pessoas, sobretudo da etnia Tutsi, que fugiam da violência que acompanhou a progressiva tomada do poder pela maioria Hutu. Durante as duas décadas seguintes, os exilados tentaram regressar a Ruanda repetidas vezes pela força das armas, o que provocou novos conflitos e fluxos de refugiados. No final dos anos 1980, cerca de 480 mil ruandeses (aproximadamente 7% da população total e metade da população Tutsi) tinham escapado principalmente para Burundi (280 mil pessoas), Uganda (80 mil pessoas), Zaire (80 mil pessoas) e Tanzânia (30 mil pessoas).

Preconceito e discriminação

Em cada época, os seres humanos são socializados de uma determinada forma. Todos vivem de acordo com o seu tempo. Vamos pensar um pouco: o que hoje é algo muito natural, não o era há 100 anos. Você consegue imaginar que nossos bisavós foram crianças que cresceram sem saber o que é internet? Computador, telefone celular, redes sociais são coisas muito novas! É por isso que as pessoas mais velhas têm tanta dificuldade em lidar com as inovações tecnológicas. Elas aprenderam a se relacionar com o mundo de outro jeito e levam mais tempo para se adaptar a tantas transformações.

Também é difícil acompanhar as mudanças de pensamento, daquelas ideias que aprendemos como verdades, que são os pré-conceitos! Não é à toa que um gênio como Galileu Galilei foi para a fogueira por afirmar que a terra girava ao redor do Sol. Exterminar um preconceito é a coisa mais difícil do mundo! Tanto é que atribuem ao físico Albert Einstein a célebre frase: "é mais fácil desintegrar um átomo do que um preconceito". Mas, a gente não desiste, não é?

> Galileu Galilei (1564-1642) nasceu em Pisa (Itália), foi físico, matemático, astrônomo e filósofo. Suas descobertas foram fundamentais para o desenvolvimento da teoria do Heliocentrismo (de que os planetas giram ao redor do Sol).

Ainda hoje, mesmo sabendo que todos possuem direitos iguais, continuamos a pensar que existem pessoas que merecem mais respeito ou que são "mais iguais" do que outras. Ou o que é pior: há quem queira que todo mundo pense, aja e sinta do mesmo jeito porque acredita que somente as suas práticas (religiosas, sociais ou culturais) são as melhores! Isso acontece porque todos nós temos algum grau de preconceito com aqueles que são diferentes de nós ou da sociedade na qual vivemos. Ter preconceito não é algo para se envergonhar, porque todos nós estranhamos o que é diferente – o desconhecido. Aliás, assumir que somos preconceituosos é o primeiro passo para vencer o preconceito.

É claro que o preconceito é algo negativo. No entanto, devemos enxergá-lo como resultado das formas nas quais somos socializados – na família e na sociedade. Vamos pensar o quanto achamos esquisito que alguém coma um churrasco de cachorro, um espetinho de aranha ou use talheres especiais para degustar lesmas. Tudo isso é muito diferente daquilo que entendemos por comida. Por outro lado, nós também fazemos coisas que são consideradas bizarras em outras sociedades.

O preconceito pode ser entendido como uma espécie de rejeição aos modos de vida do outro. Quando você entende os motivos que fazem com que sejamos diferentes, mesmo não comungando com essas diferenças, é sinal que o preconceito foi vencido. Já a discriminação é crime. Quando você discrimina alguém, está impedindo que essa pessoa desfrute de um direito. Já vimos que o sentido de igualdade política está baseado no exercício de direitos e deveres iguais para todos, certo? Quando falamos desse tipo de igualdade estamos nos referindo às leis que regem a nossa sociedade. Ela traz uma espécie de noção jurídica às nossas vidas. A discriminação acontece quando alguém, por ser considerado "diferente", é impedido de exercer plenamente um direito assegurado por lei. Vou usar um exemplo prático para você entender melhor:

Em 2014, na cidade do Rio de Janeiro, um menino de 12 anos foi impedido de assistir aulas numa escola pública por estar usando colares coloridos, que o identificava como um praticante do candomblé (religião afro-brasileira). Segundo os jornais, a mãe da criança, depois da humilhação que o filho passou, decidiu trocá-lo de colégio. A nova escola fez o que deveria ser o comum: aceitou a prática religiosa do aluno. O fato teve grande repercussão na imprensa e chamou a atenção de professores, pais e também das autoridades. O prefeito do Rio de Janeiro recebeu a família do menino para pedir desculpas. Vejam: a escola (professores e/ou diretores) podia não entender o motivo de o aluno estar usando os colares ou até mesmo não concordar com a sua religião, mas jamais poderia tê-lo impedido de exercer o seu direito de estudar. A liberdade religiosa e o direito a estudar são considerados fundamentais para o exercício da cidadania.

O Estatuto da Criança e do Adolescente, que é a Lei que garante os direitos de todas as crianças no país, diz: "Toda a criança tem o direito de estudar". Nenhuma criança pode ser impedida de exercer seus direitos! Essa é a premissa para que todas as crianças e jovens sejam tratados como cidadãos. Aliás, os pais que não mantêm seus filhos regularmente matriculados em escolas (públicas ou particulares) podem até perder a guarda deles – que é o direito de educar e cuidar dos filhos.

> Para sermos cidadãos, precisamos conhecer quais são os nossos direitos e não descuidar dos nossos deveres. E para conhecer é preciso estudar. Por isso, é tão importante estar na escola e ser um bom aluno.

Aqui podemos entender que existem duas formas de pensar a igualdade: a primeira diz respeito à biologia, que faz com que as nossas diferenças físicas (cor da pele, dos olhos, textura dos cabelos) sejam vistas como superficiais e resultantes das pequenas variações genéticas, ocorridas ao longo da história da humanidade. A segunda é a igualdade política, pilar dos regimes democráticos, que quando é confrontada (ou seja, desrespeitada) gera desigualdade, que é a negação do exercício de direitos de uma pessoa (ou um grupo) que não é considerada como igual – ou seja, não humano.

> Desigualdade não é a mesma coisa que "diferença". A desigualdade está relacionada à discriminação – que é a proibição do exercício de direitos por uma pessoa ou um grupo –, enquanto a diferença se relaciona à diversidade humana e cultural.

A igualdade "à brasileira"

O Brasil é um país democrático e todos os cidadãos brasileiros têm os mesmos direitos e deveres, certo? Deveria ser. Mas a gente sabe que não é. Sim, parece confuso. Então, vamos devagar porque eu sei que é meio complicadinho mesmo. Mas, daqui a pouco, você vai entender como é que funciona esse negócio.

A Constituição Federal de 1988 (que é a maior Lei do país) diz que todos os cidadãos brasileiros são iguais e que seus direitos não podem ser negados devido à cor da pele, religião, sexo, origem de nascimento e condição social. Segundo o que está escrito, qualquer pessoa tem os mesmos direitos, certo? O problema é que sabemos que isso não funciona assim e que essa igualdade é bonita só no papel. Há pessoas que têm "mais direitos" do que outras e desfrutam de privilégios! Há outras que só têm "direitos de não ter direitos".

Veja como pensar sobre isso é interessante: tem gente que rouba milhões de reais – do dinheiro que deveria ser usado para a Saúde, Transportes e Saneamento Básico, com o objetivo de melhorar a qualidade de vida de todos nós – e nunca passou nem na porta de uma delegacia! Por outro lado, sabemos de histórias de pessoas que são presas e condenadas porque roubaram um pote de margarina no supermercado. Isso está mudando, mas não com a velocidade que todos nós gostaríamos.

Um caso que chamou atenção em 2014 foi o de um jovem, de 19 anos, preso por roubar três livros na cidade de Salvador, na Bahia. Segundo as declarações dadas à imprensa, ele teria pego os livros para estudar. A notícia sensibilizou todo o país e teve muita gente que contribuiu para o pagamento da fiança – se a fiança não fosse paga, ele seria enviado para a penitenciária da Bahia. Em 2012, no Rio de Janeiro, outro jovem de 20 anos, filho de um grande empresário, que dirigia em alta velocidade, atropelou e matou um ciclista. Ele não foi preso e ainda foi absolvido pela Justiça. Viram como esse negócio de direitos e deveres iguais é estranho? É certo que as pessoas precisam ser punidas se elas roubaram algo. Mas, tem gente que comete crimes e parece estar acima das leis, sempre escapando de alguma punição.

Sei o que você deve estar pensando: "quem tem dinheiro pode comprar tudo, pagar bons advogados e ficar livre". Isso é verdade, mas não deveria funcionar assim. O fato de uma pessoa ter mais dinheiro que outra não faz dela alguém "melhor" e não deveria garantir privilégios. Por outro lado, sabemos que a Justiça, com os seus inúmeros recursos, torna-se cara. Um processo pode levar anos... é isso que acaba oferecendo vantagens para quem pode pagar bons advogados. Mas, uma coisa é certa: se alguém é tratado de forma privilegiada – por ser rico, por exemplo –, sempre haverá outra pessoa tendo os seus direitos negados.

Mas não é só através do dinheiro que as pessoas se garantem... Já ouviu falar no tal "jeitinho brasileiro"? Quantas pessoas entre as que conhecemos se beneficiam por ter amigos importantes? Sabe aquela que, por ser amiga do gerente do banco, não entra na fila do caixa, como todo mundo, para pagar as suas contas? Pois é. E ainda tem aqueles que são mais caras de pau ainda e usam a frase: "Sabe com quem está falando?". Ah, não conhece essa expressão? Vou explicar! É o seguinte: o cara é um assessor do governador do Estado e se aproveita dessa condição (de proximidade com o chefe do Executivo) para não ser multado na *blitz* policial porque os documentos do seu carro estão vencidos. Mas, ainda tem quem se supere: na minha opinião, a pior delas é a pessoa que exerce realmente uma função de poder na sociedade e utiliza o seu cargo ou *status* social para tirar vantagens pessoais. Coisa feia, não é? Ao invés de cumprir com os seus deveres, para fazer com que seus direitos sejam respeitados, essas pessoas só querem tirar vantagem... Se liga, galera! As leis devem ser cumpridas por todos, ainda mais por autoridades e pessoas esclarecidas como a gente. E tem mais: ninguém pode achar que tem o direito de tirar o direito do outro. Se quisermos um mundo mais justo, precisamos dar o exemplo!

> Sobre os privilégios e o jeitinho "brasileiro", Rui Barbosa (1849-1923), considerado um dos maiores intelectuais brasileiros, escreveu: "De tanto ver triunfar as nulidades; de tanto ver prosperar a desonra, de tanto ver crescer a injustiça; de tanto ver agigantarem-se os poderes nas mãos dos maus, o homem chega a desanimar-se da virtude, a rir-se da honra e a ter vergonha de ser honesto".

O direito de não ter direitos

E quem são aqueles que só têm "direitos de não ter direitos"? Você vai ver que conhecemos muitas pessoas assim e nem nos damos conta. Lembra que falei que os direitos de igualdade, liberdade e fraternidade foram garantidos só para os homens, europeus e cristãos? Pois é... esse foi o tipo de pensamento que se consolidou – como pedra! – em muitos lugares, e o Brasil foi um deles, infelizmente!

Por exemplo, como ficamos quando sabemos que o nosso país foi constituído pelo tráfico de seres humanos do continente africano, que trabalharam até a morte para gerar as nossas riquezas? Não dá um mal-estar danado ver que os povos indígenas, que deveriam ser tratados como os verdadeiros donos dessas terras (afinal, eles já estavam aqui), além de escravizados, passaram os últimos cinco séculos sendo dizimados por lutarem por seus territórios? A história do Brasil – que é a nossa história! – dói na alma, não é? O pior é que perpetuam-se até hoje muitas das desigualdades ocorridas durante os 380 anos em que o sistema escravagista foi praticado no Brasil. E, infelizmente, ainda tem gente que acha natural pensar que os povos indígenas e os descendentes dos africanos não são "iguais" e, por isso, não precisam desfrutar dos mesmos direitos...

É exatamente porque esses povos tiveram seus direitos historicamente negados no Brasil – milhares foram sequestrados de seus locais de nascimento, convertidos ao catolicismo à força, tiveram seus nomes trocados, não podiam estudar nem frequentar os mesmos lugares que os seus "donos" –, que hoje se tem falado em reparações.

REPARAÇÕES

Tratar sobre reparações é tentar fazer justiça à história. Como assim? Pois bem: o mundo não começou quando a gente nasceu. Há uma série de acontecimentos que fizeram com que as nossas sociedades se tornassem o que são hoje. As desigualdades ocorreram de várias maneiras e com diversos povos... Quando se fala em reparação é porque estamos olhando para trás, para a nossa própria história, tentando enxergar como determinados grupos de seres humanos foram tratados de forma desigual (ou seja, como não humanos) para encontrarmos formas de compensá-los por todas as injustiças que sofreram. O mundo só será um lugar melhor quando todos tiverem as mesmas oportunidades e os erros cometidos forem reparados.

Quando falamos em reparações acessamos a noção de equidade, que é "o respeito pelo direito de cada pessoa, adequando a norma ao caso concreto". Ou seja, para que determinados grupos tenham (algum dia) a igualdade de direitos, é preciso reconhecer que, devido às arbitrariedades que sofreram, continuam em desvantagem histórica e social. É por isso que se faz necessário a criação de acessos diferenciados (na educação, nos postos de trabalho etc.) e formas de indenizações (financeiras e/ou sociais). Esse é o caso dos povos indígenas e dos descendentes de africanos no Brasil.

Ao contrário do que se pode pensar, reparação é o oposto do privilégio. Se privilégio é vantagem, reparação é equiparação para fazer justiça. Reparar é reconhecer que nem sempre os seres humanos são justos e fazem a coisa certa. Vejamos: como se pode achar que os descendentes das pessoas que foram barbaramente escravizadas, torturadas e mortas, durante anos, podem receber tratamento "igual"? As marcas da desigualdade levam muito tempo para desaparecer. Os indígenas, os descendentes de africanos e vários outros povos ao redor do mundo, na prática, não conseguem exercer plenamente os seus direitos porque ainda há quem os trate como desiguais. É por isso que é fundamental para esses grupos – que foram (e ainda são!) vítimas de injustiças e violências – que os governos promovam reparações pelos crimes cometidos contra seus ancestrais.

Foi exatamente assim que a Organização das Nações Unidas fez com os judeus, depois da Segunda Guerra Mundial. Dúvida? No próximo capítulo vamos conversar sobre direitos e poderemos conhecer melhor a história das reparações propostas pelo povo judeu. Então, segura firme, porque vou contar como surgiram os Direitos Humanos!

3. Direitos

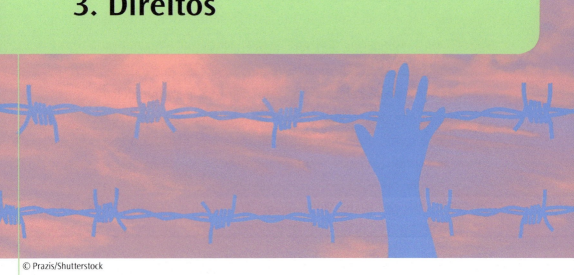

A ONU e a Declaração Universal dos Direitos Humanos

Não somos culpados pelo mundo que encontramos ao nascer. Mas precisamos, na medida de nossas possibilidades, fazer alguma coisa pelo mundo que está sendo construído (ou destruído). E que será herdado aos que hão de vir.
Gilberto Cotrim

Todos os dias somos bombardeados com notícias que nos fazem duvidar que nós, os seres humanos, somos a espécie mais inteligente do planeta. Mais espantoso é quando sabemos que a grande maioria das guerras que aconteceram (e as que ainda acontecem!) foram motivadas por interesses econômicos e políticos – que, de uma forma ou de outra, acabam sendo mascaradas como disputas religiosas. Invariavelmente, essas atrocidades foram comandadas por líderes (políticos e/ou religiosos), que controlaram as massas e lideraram violentos massacres. São tantos episódios que fica quase impossível elencar todos os eventos que levaram à morte de milhares de pessoas, ao longo da História da Humanidade (sempre me assusto ao perceber isso). Na maioria das vezes, nem tomamos conhecimento dessas incontáveis chacinas. Realmente, parece que precisamos levar muito mais a sério esse negócio de "Fraternidade", não é mesmo? Não é à toa que o primeiro artigo da Declaração Universal dos Direitos Humanos (1948) afirma que:

Todos os seres humanos nascem livres e iguais em dignidade e em direitos. Dotados de razão e de consciência, devem agir uns para com os outros em espírito de fraternidade.

A história da cidadania e dos direitos

A história da cidadania e dos direitos é algo relativamente novo e se constitui do desenvolvimento das três gerações de direitos: na primeira estão os direitos civis e políticos. Como vimos no capítulo anterior, os direitos civis nasceram no século XVIII e dizem respeito aos direitos de ir e vir, opinião e expressão, associação, propriedade e que a pessoa possa ser julgada de acordo com parâmetros constitucionais (que é o que chamamos de "devido processo legal"). Os direitos políticos se consolidaram a partir do século XIX, dispõem sobre a existência de tribunais, parlamentos e partidos. Incluem o direito de votar e ser votado, ou a busca do sufrágio universal, que é quando todos podem votar sem restrições.

A segunda geração, que tem o século XX como marco histórico, é chamada de direitos sociais. Engloba os direitos trabalhistas, do acesso à saúde e educação públicas, aposentadoria, garantia de seguro-desemprego. Os direitos sociais se fundam no conceito de bem-estar econômico e são as pautas das reivindicações sindicais e de alguns movimentos sociais.

Já a terceira geração é composta por garantias de direitos de grupos distintos, como as demandas relacionadas aos direitos das mulheres, dos idosos, das crianças, dos povos – como os direitos dos negros, indígenas e ciganos – e os direitos ao meio ambiente. Considera-se "cidadão pleno" aquele que usufrui das três gerações de direitos. Cidadãos incompletos seriam os que possuem apenas alguns dos direitos. Os que não se beneficiam de nenhum dos direitos seriam "não cidadãos".

Nesse contexto, a Educação é considerada um direito social. No entanto, todos os teóricos e estudiosos da Sociologia do Direito concordam que é apenas quando um povo tem acesso a ela, que todos os outros direitos se desenvolvem. Veja: conhecemos pessoas que desfrutam dos direitos civis e não dos direitos políticos. O contrário, não é possível. Para que você possa se associar em sindicatos e partidos, ou se candidatar a um cargo eletivo – que são os direitos políticos –, é necessário que você goze de seus direitos civis. Olha que interessante: para sermos cidadãos e conhecermos os nossos direitos, é preciso que tenhamos acesso à Educação.

São os direitos de primeira geração que fazem com que a sociedade intervenha no Estado para a garantia de direitos sociais a todos. Também é possível que pessoas desfrutem de direitos sociais, mas não gozem de direitos civis e políticos. Nesse caso, se a população não exerce seus direitos civis e políticos, o acesso aos direitos sociais serão arbitrários porque acabam privilegiando uma determinada parcela da população. É por isso que temos a impressão de que os direitos a uma Educação plena e de qualidade, um sistema de Saúde e de Segurança Pública que atendam a toda população parecem que são "concedidos" em forma de benesses, ao bel-prazer daqueles que governam.

E direitos sociais não são concessões, são conquistas. O caso brasileiro é bem interessante porque nos acostumamos a pensar nos direitos sociais como algo que deve ser concedido por governos ou políticos. Tal crença alimenta a rede de desmandos políticos em nosso país.

Imagens da intolerância:

1937

O massacre de Nanquim, na China, é conhecido também como o Estupro de Nanquim, pois foi uma série de estupros e assassinatos em massa cometidos por tropas japonesas na cidade de Nanquim, durante a Segunda Guerra Sino-Japonesa, na Segunda Guerra Mundial.

2013

O grupo terrorista Boko Haram (que quer criar um estado Islâmico no norte da Nigéria) foi responsável por uma série de ataques e assassinatos na região da vila nigeriana de Baga.

1995

Mais de 8 mil bósnios muçulmanos foram assassinados e colocados em valas comuns na região de Srebrenica pelo Exército Bósnio da Sérvia (Massacre de Srebrenica).

1944

Durante o Holocausto, os judeus eram perseguidos em toda a Europa e levados para campos de concentração para serem mortos. Na foto, vemos mulheres judias sendo capturadas no Gueto de Budapeste.

2015

O grupo fundamentalista EI (Estado Islâmico) assumiu a autoria de vários ataques que aconteceram em Paris na noite de 13 de novembro de 2015, matando mais de 120 pessoas que estavam em casas de *shows* e restaurantes da cidade – o *Le Carillon* foi um dos lugares atingidos.

A ideia de que as pessoas possuem direitos e deveres é bastante antiga na humanidade. Só para você ter uma ideia, o **Código de Hamurabi**, considerado a origem do Direito por formular as regras de convivência (leis) e as punições que deveriam ser aplicadas em caso de descumprimento, foi elaborado na Babilônia, há quase 4 mil anos, mas previa distinções entre os babilônicos, de acordo com o lugar que ocupavam na sociedade. Ou seja, já naquele tempo, as leis eram elaboradas para privilegiar os mais ricos ou os que tinham mais poder.

Hamurabi foi o sexto rei da Babilônia e viveu no século XVII a.C. O Código que leva o seu nome constitui-se por 282 leis, talhadas numa rocha de cor escura, escritas em caracteres cuneiformes. As leis tinham como objetivo unificar o reino. Foi por isso que Hamurabi mandou espalhar cópias desse código em várias cidades babilônicas. As punições para o não cumprimento das regras estabelecidas ocorriam de acordo com a posição que a pessoa criminosa ocupava na hierarquia social.

A escrita cuneiforme representava formas do mundo e era composta por 600 caracteres. Foi usada pelos assírios, babilônicos e persas até o século I da Era Comum.

No Estado Democrático de Direito – que é o conceito que informa que o país se compromete a garantir todas as liberdades civis e individuais –, não há possibilidade de que um grupo perca totalmente o acesso a direitos. Um bom exemplo – é importante que a gente saiba! – é a população carcerária. O fato de as pessoas estarem presas retira delas o direito civil de "ir e vir" e todos os seus direitos políticos, mas deve garantir acesso a direitos sociais, com exceção das "garantias trabalhistas" (que é o que a gente chama de "trabalhar de carteira assinada").

DECLARAÇÃO UNIVERSAL DOS DIREITOS HUMANOS E A ORGANIZAÇÃO DAS NAÇÕES UNIDAS

Até chegarmos ao que conhecemos como direito hoje em dia, muita coisa aconteceu. O divisor de águas, que fez com que o mundo passasse a entender o direito como de suma importância nas nossas vidas, foi a constatação dos horrores do Holocausto, no fim da Segunda Guerra Mundial. Somente depois que o mundo assistiu perplexo a morte de mais de 6 milhões de judeus, 1,5 milhão de negros, milhares de ciganos, homossexuais e portadores de necessidades especiais, foi que a humanidade se viu diante de um de seus maiores desafios: manter as pessoas a salvo de seus próprios semelhantes. Pois é. O genocídio provocado pelo nazismo de Adolf Hitler deixou evidente que alguma coisa precisava ser feita. Foi por isso que as nações que lutaram contra o III Reich (como se chamava o exército de Hitler) apoiaram a criação de uma instituição que zelasse pela paz mundial. A Organização das Nações Unidas tem exatamente essa finalidade.

Os ideais do Partido Nacional Socialista dos Trabalhadores Alemães (Partido Nazista) foram: o ódio aos judeus (antissemitismo), a quem Hitler atribuía a culpa por vários problemas que a Alemanha enfrentava, sobretudo os econômicos; a ideia racista de superioridade do homem germânico (raça ariana ou "raça pura"); e a construção de um império mundial para que os arianos, por conta de sua apregoada superioridade, viessem a se tornar "senhores" sobre todos os outros povos. Segundo os planos de Hitler, o "império ariano" compreendia vastas regiões do continente europeu, que deveriam ser invadidas e conquistadas.

A ONU foi fundada em 24 de outubro de 1945, na cidade de São Francisco (Califórnia, Estados Unidos), logo após a Segunda Guerra Mundial. É a maior organização internacional do mundo, contando atualmente com 193 países membros (sem incluir o Vaticano, que consta como observador permanente), que procuram desenvolver leis internacionais para evitar um novo conflito armado de proporção mundial. Suas funções são as de "preservar as gerações futuras do flagelo da guerra; proclamar a fé nos direitos fundamentais do homem, na dignidade e valor da pessoa humana, na igualdade de direitos entre homens e mulheres, assim como das nações, grandes e pequenas; em promover o progresso social e instaurar melhores condições de vida numa maior liberdade".

Para garantir o cumprimento dos seus objetivos, em 10 de dezembro de 1948, a Assembleia Geral das Nações Unidas proclamou a Declaração Universal dos Direitos Humanos. No entanto, mesmo diante de sua importância, os Estados-membros não eram obrigados juridicamente a cumprir a Declaração. Para que isso acontecesse foi necessário que os países que compõem a ONU assinassem vários pactos e acordos internacionais.

A Carta Internacional dos Direitos do Homem constitui-se da Declaração Universal dos Direitos Humanos, aliada ao Pacto Internacional dos Direitos Civis e Políticos e ao Pacto Internacional dos Direitos Econômicos, Sociais e Culturais (1966) e ainda a dois protocolos facultativos do Pacto dos Direitos Civis e Políticos, que em 1989 aboliu a pena de morte.

A CRIAÇÃO DO ESTADO DE ISRAEL

Quando conversamos sobre igualdade, vimos que os judeus foram os primeiros a exigir reparações pelos massacres cometidos contra seu povo. Pois bem. A criação do Estado de Israel pode ser entendida como uma das primeiras ações reparatórias que temos notícia. A história é longa, mas vou tentar resumi-la.

Com o fim da Segunda Guerra Mundial, várias organizações não governamentais de ajuda humanitária se viram diante de um sério problema: para onde enviar os sobreviventes do Holocausto, para que eles pudessem recomeçar suas vidas? Eles haviam perdido tudo: casas, pais, filhos, parentes... enfim, famílias inteiras. Foi quando essas organizações passaram a embarcar clandestinamente para a Palestina os sobreviventes dos campos de concentração. Na época, o território palestino possuía administração britânica e a Inglaterra usou de vários artifícios para impedir a entrada dos judeus. O fato sensibilizou o mundo. A repercussão diante da recusa inglesa em dar abrigo aos sobreviventes do Holocausto foi um dos motivos que contribuíram para reforçar a ideia de criação de um Estado judeu na Palestina.

Em 1947, o brasileiro Oswaldo Aranha presidiu a assembleia realizada pela ONU que deliberou a divisão da Palestina em dois Estados: o judeu e o árabe. Em 14 de maio de 1948, David Ben-Gurion liderou o povo judeu e fundou oficialmente o Estado de Israel, declarando sua independência da Palestina. A resposta veio rápida: no dia seguinte, Egito, Síria, Líbano e Iraque atacaram o novo país. Cerca de 750 mil árabes que viviam na região foram obrigados a fugir por causa do conflito. Por outro lado, 800 mil judeus residentes em países como Síria, Iraque, Tunísia, Líbia e Iêmen deixaram às pressas seus lares, a maioria tornando-se imediatamente cidadão de Israel. Em 1949, os judeus ganharam a disputa e garantiram a sobrevivência do novo país. No entanto, o Estado árabe anunciado pela ONU em 1947 não foi estabelecido e os palestinos lutam até hoje para ter o seu país. Esse episódio, denominado "Questão Palestina", é um dos motivos do conflito no Oriente Médio.

Mas, garantir territórios não é suficiente para reparar os horrores de um genocídio. Como assegurar que os sobreviventes do Holocausto pudessem reconstruir suas vidas? É por isso que, desde 1952, a Alemanha passou a indenizar as vítimas que sobreviveram ao regime nazista. O valor das indenizações – que também é pago por seguradoras, bancos e outras instituições que, de um modo ou de outro, se beneficiaram do Holocausto, fosse financiando o nazismo ou se apropriando indevidamente dos pertences dos judeus – é negociado regularmente com a *Jewish Claim Conference* (JCC) e outras organizações judaicas. Segundo estatística do governo alemão, 500 mil sobreviventes do Holocausto vivem em todo o mundo. Segundo a JCC, desde a década de 1950, já foram destinados pelo governo da Alemanha cerca de 70 bilhões de euros às indenizações. Esse dinheiro também é investido em projetos sociais e assistência aos idosos.

Como garantir direitos universais em um mundo tão diverso?

É uma complicação a contagem dos países que existem no planeta. Se contabilizarmos pela Federação Internacional de Futebol (FIFA), encontraremos 205 países, uma vez que a instituição reconhece aqueles que não possuem independência sobre suas fronteiras – como é o caso das Ilhas Malvinas, Taiwan e Groenlândia. Já a ONU afirma que existem 194 países, se incluirmos o Vaticano. Se não é fácil a gente saber quantos países há na Terra, já imaginou a dificuldade que é elaborar leis universais para tanta gente? Ou melhor: como elaborar uma legislação que respeite os costumes e a cultura de países tão distintos como

Quirguistão, Letônia, Morávia, Dinamarca, Djibuti e Espanha ao mesmo tempo? Como fica a diversidade cultural desses lugares? O grande problema é que a universalização de leis que garantem direitos implica em mudanças nos hábitos culturais em muitos países. Um exemplo clássico do que estamos falando é o uso da burca – aquela espécie de vestido que cobre todo o corpo, inclusive a cabeça e o rosto das mulheres muçulmanas.

Existem vários tipos de véus islâmicos e nem todos são chamados de burca:

Burca: véu que cobre todo o corpo, inclusive cabeça e rosto.

Niqab: véu que cobre todo o corpo, deixando apenas os olhos à mostra.

Xador: véu que cobre parte da cabeça e colo dos seios, deixando o rosto à mostra.

No caso do véu islâmico, por exemplo, a confusão começa quando os movimentos que defendem os direitos das mulheres afirmam que o uso da burca (do niqab ou do xador) seria uma violência contra elas – uma vez que ocultar rostos e corpos femininos seria obrigatório em países como o Afeganistão, de tradição muçulmana. O problema ficou ainda mais evidenciado quando, em 2011, o governo francês resolveu proibir o uso da burca no país. A imprensa internacional deu o maior destaque para o caso. Naquele ano aconteceram vários protestos de mulheres muçulmanas que reivindicavam o direito de cobrir seus corpos e seguirem os preceitos de sua religião já que, segundo o Alcorão, o uso do véu é imprescindível. Houve, inclusive, vários episódios em que as muçulmanas foram alvos de violência física nas ruas de Paris por estarem usando véus. Muitas, além de agredidas, eram xingadas de "muçulmanas sujas".

A questão que se impõe aqui é: direitos e liberdades são assuntos ligados diretamente. E pergunta que não quer calar: como fica a liberdade das mulheres para usarem ou não a burca? Proibir ou obrigar alguém a fazer alguma coisa que não se quer não é atentar contra a liberdade? E ainda tem mais um problema: a liberdade de expressar livremente a sua fé não é um direito civil, entendido como fundamental pela Declaração Universal dos Direitos Humanos?

Ficou complicado? Então vamos dar um exemplo que, mesmo não sendo real, se aproxima bastante do que estamos falando. Imagine se, amanhã, o Congresso Nacional do Brasil resolve promulgar uma lei com o objetivo de garantir maior segurança às mulheres (porque toda lei precisa ter uma justificativa, por mais estapafúrdia que seja!) proibindo o uso de saias em todo território nacional. Segundo o Congresso, nenhuma mulher poderia usar saia. Não importaria o comprimento da peça: poderia ser longa até o tornozelo ou "quase um cinto" de tão pequena. A partir da publicação dessa lei, as mulheres de todo o país só poderiam vestir calças compridas. E, como toda lei exige punição, aquelas que insistissem em sair às ruas de saia seriam presas e multadas. Já imaginou o rebuliço? Como ficariam as freiras católicas que só se vestem com os seus hábitos? E as outras mulheres que, devido aos dogmas religiosos, não podem usar calças? Se você não sabe, existem várias religiões que proíbem o uso de calças por mulheres. Já imaginou que problema seria? E, como sempre, vai ter gente a favor, dizendo que a lei é para proteger as mulheres da violência.

Claro que é difícil imaginar algo tão doido, não é? Seria uma arbitrariedade e uma violência com todas as brasileiras. Afinal, temos o direito de usar a roupa que melhor nos convém e ninguém pode nos negar isso. Uma lei como essa seria um atentado à liberdade de todas as mulheres. Mas, foi mais ou menos assim que aconteceu com as muçulmanas na França. Para elas, a proibição do uso da burca foi uma medida violenta e despropositada.

Só quero que você reflita um minuto: qual é a diferença entre as mulheres brasileiras e as muçulmanas? Não são todas mulheres? Humanas? Portadoras de direitos e deveres?

Viram como tentar universalizar as leis é uma atitude complicada? O que é bom para um, não é, necessariamente, bom para todos. Ainda mais quando sabemos que respeitar a diversidade (das pessoas, grupos e nações) é premissa fundamental para que possamos agir com fraternidade. Para tentar solucionar este impasse – que é o de garantir direitos e respeitar a diversidade sem promover a desigualdade –, organismos internacionais de dimensões regionais começaram a propor suas próprias Declarações de Direitos Humanos, que também são reconhecidas pelas Nações Unidas.

Em 1981, a Organização da Unidade Africana proclamou a Carta Africana de Direitos Humanos e dos Povos. O documento reconhece princípios da Declaração Universal dos Direitos Humanos e inclui outros direitos que foram negados na África, como o de livre determinação e o dever dos Estados de eliminar todas as formas de exploração econômica estrangeira. Onze anos depois, em 6 de novembro de 1992, os Estados africanos acordaram um novo documento, a Declaração de Túnez, para afirmar que não é possível a prescrição de um modelo de direitos universais. Para eles, não se pode desvincular as realidades históricas e culturais de cada nação e as tradições, normas e valores dos povos. Há também a Declaração de Bangkok, emitida por países asiáticos em 23 de abril de 1993, e a do Cairo, firmada pela Organização da Conferência Islâmica, em 5 de agosto de 1990.

Conclusão – Construindo novos começos

© maxstockphoto/Shutterstock

Uma vida sem pensamento é totalmente possível, mas ela fracassa em fazer desabrochar sua própria essência – ela não é apenas sem sentido; ela não é totalmente viva. Homens que não pensam são como sonâmbulos.

Hannah Arendt

Nós somos capazes de coisas maravilhosas: enviamos sondas espaciais para descobrir se há ou não a possibilidade de vida em Marte; fomos à Lua; desenvolvemos computadores que falam e andam, aparelhos e radares que exploram as regiões abissais dos oceanos... Hoje, falamos em tempo real com pessoas que vivem em qualquer lugar do mundo. Podemos nos conectar com vários países apenas com o telefone. Acompanhamos ao vivo o que acontece do outro lado do planeta.

> Nanotecnologia é uma parte da ciência que pretende fazer objetos menores do que um quarto de uma cabeça de alfinete. A ideia é produzir coisas tão pequenas – da ordem dos bilionésimos do metro – para diminuir ao máximo o tamanho de máquinas e equipamentos eletrônicos.

Com os avanços da **nanotecnologia** seremos capazes de, em breve, controlar os efeitos de um comprimido no nosso próprio estômago.

No entanto, enquanto você lia o parágrafo anterior sobre as maravilhas da tecnologia, alguém morreu de fome. Sim. Neste exato momento, um ser humano em algum lugar do planeta não resistiu à falta de alimento. Tanto faz se foi no Rio de Janeiro, em Nova York ou no Quênia. Mesmo com todo o avanço tecnológico, não conseguimos resolver uma coisa tão simples, que é a de manter os nossos semelhantes vivos. E olha que eu nem estou falando sobre os diversos conflitos étnicos e religiosos que estão acontecendo agora, em todo o mundo, e que fazem com que populações inteiras sejam obrigadas a sair de seus lares, como imigrantes ou refugiados. A desigualdade causada pelas disputas econômicas dos países ditos "civilizados" é o que não permite que vários dos nossos parentes possam se alimentar e viver como cidadãos.

Fico pensando: por que não usamos toda a nossa maravilhosa capacidade de criar coisas para resolver o que realmente é importante? Por que ao invés de inventarmos fronteiras entre os países – sim, elas foram inventadas e têm servido para nos diferenciar e distanciar ainda mais! – não usamos essa nossa incrível imaginação para nos tornarmos cada vez mais iguais – em direitos, acessos e liberdades? Que coisa estranha essa de querermos ser melhores e ter mais razão do que os nossos semelhantes! Por que é tão difícil reconhecer que o outro tem os mesmos direitos e liberdades que nós? Por que tendemos a não nos importar com quem achamos que não é igual a nós? Temos tanta preocupação com aquilo que nos diferencia e esquecemos o sentido de todas as coisas que nos unem: a nossa humanidade.

Entendo que falar sobre isso é muito doloroso porque dá uma sensação de fatalidade, não é? Parece que somos impotentes e obrigados a conviver com isso. Pior ainda quando se pensa: o que podemos fazer? Afinal, não somos culpados pelo que acontece com as outras pessoas e não temos como intervir em situações que ocorrem do outro lado do mundo. Isso é verdade! Mas se não nos importarmos com os nossos semelhantes, se não nos enxergamos como companheiros dessa jornada que é a vida, como poderemos construir um mundo menos desigual para todos? O mundo no qual vivemos foi criado e construído por aqueles que vieram antes de nós. E se não estamos satisfeitos com o que recebemos de herança, resta-nos desenhar novos começos. Não é fácil, mas é possível! E a mudança começa em nós mesmos.

Quando percebemos que nossas atitudes fazem toda diferença nessa mudança, compreendemos que todos nós, de várias maneiras, somos responsáveis pelo que acontece ao nosso redor. Então, quando começamos a não aceitar o preconceito como algo natural – e mostramos aos nossos amigos, irmãos e colegas que não faz o menor sentido achar que uma pessoa é diferente por causa das suas roupas, cor da pele, hábitos alimentares, posição social ou orientação sexual – e que a nossa forma de olhar o mundo não é a única nem a mais verdadeira, iniciamos uma grande corrente de fraternidade. E essa corrente é contagiante!

Falar isso agora, aqui no finzinho da nossa conversa, só é possível porque você já deve ter entendido que os hábitos, da mesma forma que os preconceitos, são fenômenos sociais construídos (ou seja, inventados!) e que variam muito de uma sociedade para outra. Então, antes de dizer que isso ou aquilo é certo ou errado, pense: sou capaz de entender os motivos que levaram tal grupo ou tal pessoa a se comportar dessa forma? Estou desrespeitando o exercício de direitos desse grupo/pessoa? Essas perguntas, que (creia!) não são fáceis de se fazer, nos ajudam a ter uma postura fraterna e respeitosa com os nossos iguais.

O fato é: enquanto uma única pessoa em todo mundo tiver seus direitos fundamentais negados, sofrer injustiças ou viver em condições sub-humanas, nenhum de nós conseguirá viver bem!

No início do livro, quando começamos a conversar sobre as diferenças, apresentei a forma com a qual os zulus reconhecem e cumprimentam todos os seres humanos como companheiros da humanidade: *Ubuntu*! No entanto, há outra da qual também gosto muito: *Namastê*!, que é uma saudação usada no sul do continente asiático. Popularmente, foi traduzida como "o deus que habita em mim saúda o deus que habita em você". Essa expressão tem origem sânscrita e pode ser entendida como "curvo-me perante a ti" e é uma das formas mais dignas de cumprimento entre nós. *Namastê*, da mesma forma que *Ubuntu*, revela o sentimento de respeito e invoca a percepção de que todos nós compartilhamos da mesma essência e do mesmo universo.

Não, ao contrário do que se pode pensar, não são saudações religiosas. Apenas a constatação de que todos os seres possuem uma essência única. Pois é! Somos únicos mas estamos juntos na grande aventura que é viver no planeta Terra.

Por isso, despeço-me de você com uma nova saudação: *Namastê, Ubuntu*! Ou seja, "curvo-me diante de ti porque eu sou apenas o que nós somos".

Referências bibliográficas

BERGER, Peter L. LUCKMANN, Thomas. *A construção social da realidade*. Petrópolis: Editora Vozes, 1973.

BERNARDO, Henrique Gomes. *A História dos Números*. Disponível em: https://pt.scribd.com/doc/31222298/56/Historia-do-Sistema-Binario

CARDOSO DE OLIVEIRA, Luis R. *Racismo, direitos e cidadania*. Revista Estudos Avançados (USP) 18 (50). São Paulo: USP, 2004.

_____. *Concepções de igualdade e cidadania*. Contemporânea, n. 1 p. 35-48 Jan–Jun. 2011. Disponível em: http://www.uff.br/ineac/sites/default/files/concepcoes_de_igualdade_e_cidadania_8.pdf (Acesso em: 17 nov. 2015).

D'AMBRÓSIO, Ubiratan. *Etnomatemática: elo entre as tradições e a modernidade*. São Paulo: Autêntica, 2001.

DAMATTA, Roberto. *Relativizando: uma introdução à Antropologia* Social. Rio de Janeiro: Editora Rocco, 1987.

_____. *Sabe com quem está falando? Um ensaio sobre a distinção entre indivíduo e pessoa no Brasil*. In: Carnavais, malandros e heróis. Rio de Janeiro: Editora Rocco, 1997.

KANT DE LIMA, Roberto. *Administração de conflitos, espaço público e cidadania: Uma perspectiva comparada.* Civitas – Revista de Ciências Sociais Ano 1, n° 2, dez. 2001.

_____. *Direitos Civis e Direitos Humanos: uma tradição judiciária pré-republicana?* São Paulo em Perspectiva, 18(1): 49-59, 2004. Disponível em: http://www.scielo.br/pdf/spp/v18n1/22226.pdf (Acesso em: 17 nov. 2015).

MOTA, Fábio Reis. *Cidadãos à parte ou cidadãos em toda parte? Demandas de direitos e reconhecimento no Brasil e na França*. Tese de doutoramento apresentada no Programa de Pós-graduação em Antropologia da UFF. RJ, 2009.

NOGUEIRA, Oracy. *Preconceito racial de marca e preconceito racial de origem: Sugestão de um quadro de referência para a interpretação do material sobre relações raciais no Brasi*l. Tempo Social: Revista de Sociologia da USP, v. 19, n. 1, novembro 2006.

SCHWARCZ, Lilia Moritz. *Nem preto nem branco, muito pelo contrário: cor e raça na sociabilidade brasileira*. 1ª ed. São Paulo: Claro Enigma, 2012.